CANTA LA ESPERANZA, CANTA EL MONTE

CANTA LA ESPERANZA, CANTA EL MONTE

SOLANGE E. ROMERO

Valparaíso
EDICIONES

Número 398 de la Colección VALPARAÍSO DE POESÍA
dirigida por FEDERICO DÍAZ-GRANADOS

Diseño de colección: Chari Nogales
Maquetación: Ciclo Creativo

Primera edición: febrero de 2024

© De los poemas: Solange E. Romero
Asesoría editorial: Daniel Camilo Fajardo
Imagen de portada: Diana cacciatrice, Orazio Gentileschi (1630)

© Valparaíso Ediciones
C/ Fray Leopoldo, 7 bajo, 18014 Granada
www.valparaisoediciones.es

ISBN: 978-84-10073-00-5
Depósito Legal: GR 90-2024

Impreso en España - *Printed in Spain*
Gráficas Gami

Para el futuro: Ainhoa, la pequeña Uma,
Noah el onellí, Jorge y Manuel.

Has decidido iniciar el camino de la esperanza.
Gloria tibi[1], canta ella.

Debe leerse en orden.

No es para cualquiera.

.

---

[1] Latin, "Gloria a ti".

I

FE

La selva nos ha enseñado a caminar con ligereza,
y porque la hemos escuchado, aprendido y defendido,
ella nos ha dado todo.

NEMONTE NENQUIMO

Crecen los manzanos
a la luz de la luna,

a pesar de la guerra,
de los juegos del hombre,

siguen creciendo.

¿Cómo no creer
en un mundo
en el que existen las jacarandas?

La belleza más sublime
es la misma de las flores comunes,
esas que se imponen en todas partes
bajo mandato inevitable.

De nuevo,
en el pavimento frío y gris,
de nuevo,
bajo tu zapato sin que te des cuenta,
de nuevo

y otra vez

por siempre.

El monte importa.

Importa
porque, además de ser
                la vida,
la natura sostiene
en la mirada limpia de un animal,
en un grupo de árboles ayudándose entre sí,
en los premios multicolor de la cima,
y en tonterías invisibles
                como el oxígeno
la caricia blanca capaz de hacerte creer
después de todas tus injusticias.

Te pido perdón
con esta rosa escrita
por todas y cada una de tus injusticias.

Idea:

Ir a todos los lugares donde crecen,
silvestres y realengas,
tus flores favoritas.

.

Todas las flores
que han existido
cantan en algún lugar,
llamándonos a casa.

El amor,
barro celeste,
milagro escurridizo,
sublevación silenciosa,

todo lo aclarará,
todo
lo reinará.

De millares de maneras visibles,
pero, sobre todo,
            invisibles
el mago de la ternura
todo lo reina ahora.

¿No son todas las aves que cantan,
su esfuerzo por sobrevivir
y su gloriosa victoria,
suficientes para creer en la justicia?

A ciertos tipos de pájaro
les gusta espiar a los niños
para imitar sus canciones.

Tengo pruebas.

A veces estas tierras, nuestras,
son tan increíblemente hermosas
que parece que escribo poesía.
Pero solo estoy siendo literal.

El que duda nunca está solo.
Le acompañan
                    razones
compartidas con extraños.

Pesan.

Pero, con cada chasquido
de la vida al terminar su truco,
duele más la vergüenza
de haber dudado.

¿Cómo pude fallarle a un colibrí?

Despertar es
quizá
darse cuenta de que la paz de un trópico
o el avistamiento de un quetzal
siempre fueron estandarte suficiente
para elegir la vida.

En los lirios de agua
amanece cada mañana El Dorado.
En la selva
ya florecen, llueven, corren y se mojan
miles de microparaísos.
En el árbol,
vivo o muerto,
te mira la verdad
y en el océano
te coquetean en vaivén
todos los misterios.

En la tierra
espera sentada tu medicina
y en la flor
te canta, día y noche, la ternura
hasta que te acerques.

Ya está aquí,
mi reino.
¿Qué tanto,

qué tanto sigues buscando?

SI VENEZUELA NO FUESE UNA MUJER

Sin piernas de río,
sin inocencia dorada,
sin bebés-ave turquesa,
sin senos-montaña.

Si no fuese una belleza,
un altar de diamantes por poseer,
si pudiera esconder sus tesoros,
si tan solo pudiera no brillar su piel.

Ojos avaros no la verían nunca,
si sus templos esmeralda fuesen gris o beige,
nada que encontrar bajo vestidos sagrados,
¿estaría a salvo, si no fuese una mujer?

Pero mi tierra es una mujer,
con infinidad de joyas bajo su traje-selva.
Es poderosa la flor invicta del sur,
conjura la vida, pan y milagros aunque la hieran.

Más que la autoridad gris
de todos los políticos y falsos gurús,
vale la voluntad de un solo campesino
que con la espalda adolorida
después de trabajar la tierra,
con injusticias de ceniza
entre la albahaca sagrada de su huacal,
todavía cree en la gente.

II

ADMIRACIÓN

*La realidad última sigue siendo inmutablemente sí misma
y está hecha de la misma sustancia que la luz interior
de, incluso, la mente más cruelmente atormentada.*

ALDOUS HUXLEY

Existe un lugar
donde todos los poemas
ya fueron escritos,
donde pesan los párpados
y pesan
los susurros del liquen
como pesaría la luna
en la espalda de un niño.

No los puedo sostener.

Pocos reciben al dolor como maestro,
sin chistar,
aunque entre las espinas de su arbusto
siempre haya flores de euphorbia azul
y hasta se esconda un pájaro.

Hoy, miércoles de junio
a las seis y diecinueve
pe eme,
no lo encuentro.

¿Cuándo termina?
(este llanto)
¿Qué dicen
los académicos del trauma
o las astrólogas en el amanecer?
¿Hay esperanza para este cuerpo?
Para un pecho que ha vivido
innombrables injusticias,
¿entre qué árboles
          y bajo qué estrellas

alumbra

          el final de la tristeza?

Tu dolor es un descubrimiento,
ciencia, paso, semilla,
un camino de duraznos en el campo
donde es seguro estar,

respira

un dosel arbóreo
a punto de iluminarse.

El fuerte
es a menudo aquel
a quien la vida nunca le arrebató nada,
de confianza intacta,
de mirada nueva.
Es quien mantiene
esa fe curiosa en la vida,
tan divina y útil,
de la juventud.

Quizá solo al fuerte
entreguemos nuestros mejores poemas.

Al inocente
regalemos pruebas fabricadas
de que hay lugar en este mundo
para su inocencia
y quizá un día
vuele por nosotros
y nos sorprenda.

A los inocentes
que nadie les toque,
que nadie les diga nada.

Veremos nuevos mundos
con el conocimiento,
pero el paraíso
solo con la esperanza.

EL MANIFIESTO

Para Carlos Gottberg

Haz mini aviones de papel con un estado bancario,
juega con burbujas.
Pregúntale el porqué de su tristeza a un extraño,
abrázalo a las alturas.
Imagina que nunca has visto el sol y míralo
como lo ama la luna.
Imagina que oyes cantar las aves por primera vez,
haz silencio... y escucha la canción de cuna.
Mirémonos como si ya no pudiéramos lastimarnos,
arranquémonos las reglas del cuerpo.
Hagamos con nuestras lágrimas coloridos escapularios
que lleven nuestro rostro
                —porque dioses somos todos entre valientes.
Muéstrale, a los que aún temen, este manifiesto.
Diles que sigan a los poetas que reconozcan entre la gente.
Juntos, en uno solo, llegaremos a un lugar bueno,
escalando ramas mágicas ascendentes
hasta donde está Dios dibujando estrellas con el dedo,
            sentado sobre todos nuestros viejos juguetes.

No hay espejismo que sea espejismo
si humedeció un corazón seco,
si liberó a un solo pájaro,
si encontró en el mundo de los objetos perdidos
la sonrisa del desesperanzado.

Nos encanta creer
que somos un día de cerezos,
L'Étoille y la *Temperance*,
flores privilegiadas,
vegetación ecuatorial.
Pero resulta que también
somos el llanto de *Le Pendu*,
somos las noches sin dormir
y somos las dudas.

Somos el que observa que no dormimos
y el que observa que dudamos,
el que observa
orgulloso y auto-atado
que, a pesar de cada acertijo
y a pesar de cada lamento,
             de todos,

queda espacio

para el chispazo de la última semilla.
Quizá es la esperanza lo más hermoso
que realmente y sin falta
           somos.

¿Hasta cuándo?
Hasta que veas a Dios
en el espejo*

CONSTANCIA

La esperanza está hecha
de todos los adolescentes que sueñan con París
— del artista de calle que vende poco en Montmartre,
de toda mujer que cree que es seguro enamorarse
— de las sesiones reveladoras con el psiquiatra,
de la niña que aprende a leer
— de su nombre escrito en procesión al Zócalo[2];
de todo hombre que trabaja por rescatar el océano
y de las criaturas marinas
que siguen cuidando de sus hijos
sin entender por qué
(muy antes de tiempo)

mueren.

---

[2] Destino de la marcha del movimiento feminista de Ciudad de México cada 8 de marzo.

Hay demasiado por hacer
como para que se nos apague la esperanza.

Volver a sonreír y cancionar
no es un favor que la vida nos pide.

Es un deber-búho
que nos observa.

Hazlo ya,
brilla.

Si no por ti,
entonces a favor de la esperanza
que no es más que una cazadora inversa
con flechas de agua-luna

que eligen quién vive.

El que cree y sigue sembrando
es el gran merecedor y eventual testigo
de todos los milagros.
Solo el que cree,
se entrega completo.

Protegeré
al yo que flora, surge y comparte.
No dejaré que lo alcancen las noticias,
no dejaré que un pesimista le hable.
Bendeciré la boca del yo que cree
y mi cauce
lo decidirá la gracia.
Tejeré
el contexto de los pasos que besan
y, cuando no pueda,
soñaré que Hesse se ríe de mí
                    y me reiré con él.

A mi esperanza
le pondré aceite de rosa en las muñecas
le escribiré tres imaginarios-justicia*
Te protegeré.

¡Y que sobrevivas!

Bailaora,
selkie,
niña,
que se realicen todos los artistas.

Ambos,

soy la niña que se cayó
y el sol que se ha levantado.

III

REALIZACIÓN

*Cuando trabajan, realizan una parte
del más lejano sueño de la tierra.*

El trabajo es amor hecho visible.

KHALIL GIBRAN

EL CORO

Cuando discutas la naturaleza humana
entre conocidos,
cuando te preguntes a ti mismo
si vale la pena,
cuando definas a la humanidad,
por favor, defínela
escuchando las doscientas voces de un coro.

Defínela entre cuerdas y vientos,
gargantas de oro y cajas
resonantes
de una sala de concierto.
Mira que en sus voces
la gloria del que crea luz
suena más alto.
QUE SUENEN MÁS ALTO
que todos tus sufrimientos.

Vivir sin esperanza
es no vivir del todo,
es ignorar el llanto de un artista
con los pinceles guardados.

Si lloro hoy
ya no me pierdo
y en ningún momento dudo
                    quién soy.

Crea algo de valor,
 crea algo de valor,
 crea algo de valor,

me repite la belleza
agarrándome la mano.

Quisiera vivir dentro de la poesía
como quien vive en su propia casa con jardín,
jardín de *honeysuckles,*
bohío
o castillo.
Muros iridescentes,
impenetrables,
se han levantado en los límites del paisaje.
La oscuridad no entra aquí.
O entra,
pero con fruta, manzanilla y miel
en su cesta de obsidiana.

Aquel que hiere
a un defensor de la selva
o a un poeta
   verdadero
ha herido a millones de personas,
ha herido sin piedad alguna al universo.

Cómo le pesan
a los colores físicos,
a las esporas luminosas,
a la verdad y al coro-firmamento
la humillación de un artista,
el llanto de todos los insectos.

✷

IMAGINARIO I

Un ángel de su color favorito,
amarillo,
magnífico y amoroso,
con estrellas en su cabeza
y pinturas nuevas en una bolsa de seda,

besó a Van Gogh
segundos antes de su muerte.

IMAGINARIO II

En el momento preciso
en que asesinaron a García Lorca,
todo lo verde,
verde bioma, verde loro, verde mar,
prometió mantenerse con vida.

REALIDAD

En el mundo de los niños,
en el universo de pocos poetas,
se protegió el mar.
Están a salvo todos los animales.

IMAGINARIO III

Para Alejandro Faccini

Cada vez
que muere un inocente,
canario, mamífero, árbol, toda hierba;

renacen dorados, blancos (a veces azul cielo)
en un nuevo universo
donde la ternura ya gobierna.

Saber
que hay exedras de cristal en el llanto,
en equivocarnos, en todo,
quizá sea renacer

y el poeta lo sabe.

.

Uno, dos,
tres, probando.
Hoy recibo otro poema,
fragmentos cosmológicos,
inmune *al hombre* y sus faenas.

Alguien dijo que yacen escritas
todas las obras maestras
flotando en el universo,
esperando por un poeta

de errores inocentes,
una lágrima por letra,
de plumas excitadas,
gotas
de
belleza;

hombres que lloran,
mujeres que gritan alto,
vencedores de las sombras
hierbas bravas, tan lejos, del pasto;

implosiones humanas que cantan,
premios, minisoles, huellas;
descienden y acuden al sobreviviente
voluntario en su hora adversa.

Uno, dos, tres, recibido,
nobles estrellas,
dueto encubierto,
almas abiertas.

Una labor compleja
hecha sin amor
está vacía,

pero una labor sencilla
hecha con amor
es la llamarada franca
                y veraz
        que nos salva.

Intención:

amar como aman, al abrirse, los lirios,
silentes y para nadie;
como dibujan los niños,
como cae la aurora, ciega, sobre los mares.

Eres
el precioso mecanismo
a través del cual
el mundo
está cambiando.

IV

CERTEZA

La poiesis y la magia son intentos de crear otra realidad,
capaz de desplazar la realidad impuesta.

Darío Villegas

Estar vivo
es no dejar de honrar nuestros motivos
y que nuestros motivos
los elija el amor.

Eres el Big Bang.

¿Cuánto esfuerzo,
célula y magia
han sido invertidos
en tu existencia
para este momento,

tu turno,

para que tú
como universo vivo y fértil
hagas nacer, brotar y relampaguear
cada una de tus ideas?

.

Si la música es geometría en el tiempo,
nosotros también podemos serlo.
La misma fuerza, ecuación,
que hace hermoso lo verde
produce tu vida.

Todos somos árboles
en proceso.

LA CERTEZA DE LOS ÁRBOLES

Comienza a llover afuera
y duele.
Los verdores de los árboles bailan todavía,
de un lado a otro;
guardan a los pájaros,
dejan que se caigan las hojas más débiles.

Las gotas van mojándolo todo,
helándolo todo,
helando, quizá, el alma de los que pasan.
Pero van y vienen los verdores en su danza,
ahora grisáceos,
bajo la lluvia, y cantan:

Todo nos bendice hoy.

Mira,
aquí está toda tu fe,
dijo ella
y me vi rodeada
de cientos de miles de destellos
en una especie de mar
que ya no estaba hecho de esperanza,

era un lúcido ecosistema
        triunfante
            y embriagado
                de puro conocimiento.

El que sabe
ya no necesita de la esperanza,
pues su esperanza ya no espera.

El que hace
tiene en el bolsillo un nuevo planeta
       que es su responsabilidad.

ELEMENTOS DE CAMBIO

✳ Valentía proveniente del saber.

✳ Saber proveniente del poder (y la belleza) de tus decisiones.

* Un día, la valentía dijo *yo me encargo* y se acabó el hambre en el mundo, abrieron miles de escuelas de siembra, ciencia y arte, con materiales incluidos y obeliscos de musgo. Ocurrió la primera instalación masiva de paneles solares, se hicieron sustentables —todos— los comercios, fue bombardeado el último barco de pesca, se hicieron legalmente vinculantes todos los derechos. Se enamoraron los fríos, vieron el llamado los ciegos, celebró la humanidad, el ganado libre, cada montaña y azulejo, el día que decidimos asumir toda responsabilidad,

ejecutar

la tan trillada y exhausta "perfección del universo".

Hazle favores a Júpiter

Mientras idealizo al artista,
muchos pueden sentirse discriminados.
Entiendan que, en mi mundo,
he decidido que los bohemios
                         gobiernen.
Admito que, quizá, sí sea una forma
—muy justa— de venganza.
Pero sepan que artistas somos todos
porque en un mundo de crueldad,
la empatía
sigue siendo la más valiosa de las artes.

No importa ya
llegar al fondo de todas las cosas.

Importa crear el fondo
sin saber si somos uno,
apoderarnos de la trama,
sin saber que somos uno,
     actuar
          como tal.

EL PINÁCULO

No era la física cuántica,
ningún dogma
ni mucho menos los rituales
(aunque asistiera la luna).
Todas estas hambres
penden indivisibles
del hilo dorado de la sencillez;

de haber sido testigos de la ternura,
observadores de sus pájaros,
niños expertos,
carne sintiente de sus destellos mudos
y saber que siempre son
      han sido
          y serán
      tanto más
que suficiente.

Ternura.

Después de haberla visto pasar,
tornasolar,
sangrar y esforzarse,
tocamos el pináculo de la existencia
al hacernos sus voluntarios en la guerra,
sus betuneros sonrientes en las ciudades,
sus poetas en el silencio,
hipnotizados videntes de la belleza brava;
coautores, *al fin*,
de su dulce, maja, eterna,
minuciosa continuidad.

Para Daniel Camilo Fajardo

El poeta no es más
que un solitario vidente
de la belleza.
Es así como la encarna,
es así como la crea.

Lo mismo
que hace para ella el poeta,
has de hacer tú
con la esperanza.

Prende, emprende, prende,
defiéndela, prende,
gran sastre, alúmbrala,
por favor, cántala

y vístete de ella.

Tú, luz esteparia que llegaste al final de este manual, no eres cualquiera y por si no quedó claro: la esperanza te ha elegido como antorcha eterna, canta con el monte,

tornasola,

estás contratadx.

ÍNDICE

I. Fe

II. Admiración

III. Realización

IV. Certeza